QUALE BELLEZZA
SALVERÀ IL MONDO?

La copertina si ispira a un dipinto dell'iconografa tedesca contemporanea Angela Heuser, che rappresenta il beato Andrea Rublev: egli, contemplando in preghiera la bellezza della Trinità celeste, la raffigura nella celebre icona delle tre Persone apparse ad Abramo presso le Querce di Mamre *(Gen 18, 1-2).*

CARLO MARIA MARTINI
Cardinale Arcivescovo di Milano

QUALE BELLEZZA SALVERÀ IL MONDO?

LETTERA PASTORALE
1999 - 2000

Centro Ambrosiano

ISBN 88-8025-197-X

Copertina: Studio Aemme

INDICE GENERALE

LA TRASFIGURAZIONE DI GESÙ

Matteo 17,1-8	*Marco 9,2-8*	*Luca 9,28-36*
1 Sei giorni dopo, Gesù prese con sé Pietro, Giacomo e Giovanni suo fratello e li condusse in disparte, su un alto monte. 2 E fu trasfigurato davanti a loro; il suo volto brillò come il sole e le sue vesti divennero candide come la luce.	2 Dopo sei giorni, Gesù prese con sé Pietro, Giacomo e Giovanni e li portò sopra un monte alto, in un luogo appartato, loro soli. Si trasfigurò davanti a loro 3 e le sue vesti divennero splendenti, bianchissime: nessun lavandaio sulla terra potrebbe renderle così bianche.	28 Circa otto giorni dopo questi discorsi, prese con sé Pietro, Giovanni e Giacomo e salì sul monte a pregare. 29 E, mentre pregava, il suo volto cambiò d'aspetto e la sua veste divenne candida e sfolgorante.
3 Ed ecco apparvero loro Mosè ed Elia, che conversavano con lui.	4 E apparve loro Elia con Mosè e discorrevano con Gesù.	30 Ed ecco due uomini parlavano con lui: erano Mosè ed Elia, 31 apparsi nella loro gloria, e parlavano della sua dipartita che avrebbe portato a compimento a Gerusalemme. 32 Pietro e i suoi compagni erano oppressi dal sonno; tuttavia restarono svegli e videro la sua gloria e i due uomini che stavano con lui.
4 Pietro prese allora la parola e disse a Gesù: «Signore, è bello per noi restare qui; se vuoi, farò qui tre	5 Prendendo allora la parola, Pietro disse a Gesù: «Maestro, è bello per noi stare qui; facciamo tre	33 Mentre questi si separavano da lui, Pietro disse a Gesù: «Maestro, è bello per noi stare qui.

tende, una per te, una per Mosè e una per Elia».	tende, una per te, una per Mosè e una per Elia!». 6 Non sapeva infatti che cosa dire, poiché erano stati presi dallo spavento.	Facciamo tre tende, una per te, una per Mosè e una per Elia». Egli non sapeva quel che diceva.
5 Egli stava ancora parlando quando una nuvola luminosa li avvolse con la sua ombra. Ed ecco una voce che diceva: «Questi è il Figlio mio prediletto, nel quale mi sono compiaciuto. Ascoltatelo». 6 All'udire ciò, i discepoli caddero con la faccia a terra e furono presi da grande timore. 7 Ma Gesù si avvicinò e, toccatili, disse: «Alzatevi e non temete».	7 Poi si formò una nube che li avvolse nell'ombra e uscì una voce dalla nube: «Questi è il Figlio mio prediletto; ascoltatelo!».	34 Mentre parlava così, venne una nube e li avvolse; all'entrare in quella nube, ebbero paura. 35 E dalla nube uscì una voce, che diceva: «Questi è il Figlio mio, l'eletto; ascoltatelo».
8 Sollevando gli occhi non videro più nessuno, se non Gesù solo.	8 E subito guardandosi attorno, non videro più nessuno, se non Gesù solo con loro.	36 Appena la voce cessò, Gesù restò solo. Essi tacquero e in quei giorni non riferirono a nessuno ciò che avevano visto.

INTRODUZIONE

Mentre mi accingo a scrivere questa lettera pastorale, che vorrebbe aiutare me e i miei fedeli a vivere bene il passaggio di millennio, sento che tanti, persino troppi sono i temi che bussano alla porta del mio cuore. Cerco di menzionare almeno i principali.

In questo anno 2000, che sta sulla soglia fra due secoli e due millenni, mentre facciamo memoria del dono dell'incarnazione del Figlio di Dio, compiutasi venti secoli fa, vorrei anzitutto aiutare a *riflettere sul significato del tempo e della storia*. A che punto siamo del cammino umano? Come è stato finora accolto il dono di Dio, che è il Signore Gesù? Come lo abbiamo accolto noi, credenti in Lui? Che senso può avere l'entrare in un nuovo millennio? Questa domanda assume una particolare drammaticità a causa dei recenti eventi della guerra nei Balcani e degli odi etnici che essa ha così violentemente manifestato: come è possibile che il secolo ventesimo si chiuda con esperienze tanto drammatiche, come se nulla avessimo imparato dalle tragiche lezioni delle due guerre mondiali, dai genocidi perpetrati e dalla caduta delle ideologie?

Il Papa ci chiede di fare questa ardua meditazione sulla storia alla luce del *mistero trinitario*, che è il centro e il cuore della rivelazione cristiana. Egli ha voluto che l'anno duemila, dopo il triennio dedicato rispettivamente al Figlio Gesù, allo Spirito santo e al Padre, fosse caratterizzato dalla lode alla santa Trinità (*Tertio Millennio Adveniente,* n. 55). Che cosa vuol dire contemplare quel mistero da cui tutto proviene e al quale tutto tende? Come esso ci aiuta a vivere questa fine del secolo e del millennio con un po' di ottimismo e serenità?

Queste domande vanno situate per noi nel *contesto del nostro mondo occidentale*, caratterizzato da demotivazioni e stanchezze che emergono in particolare a livello civile nella denatalità e in ambito ecclesiale nella crisi delle vocazioni. Che cosa ci può dare un colpo d'ala, un cambiamento di marcia, un orizzonte di gioia e di speranza?

Il tutto dovrebbe anche contribuire a far vivere le numerose iniziative promosse per il *Grande Giubileo* a livello mondiale, nazionale, regionale e diocesano, non come un coacervo di appuntamenti e di attività disparate, ma cogliendo l'unità di un cammino di pentimento e di conversione, percorso come un momento luminoso del grande pellegrinaggio dell'umanità verso il Padre.

Sotto lo stimolo di così numerose istanze ho cercato a lungo, insieme con i diversi Consigli diocesani, una parola riassuntiva, un'icona unificante. In questa ricerca, talora sofferta proprio per la molteplicità dei temi e la difficoltà di collegarli in maniera convincente, sempre più mi è entrata nel cuore la domanda che Dostoevskij, nel suo romanzo *L'idiota*, pone sulle labbra dell'ateo Ippolit al principe Myskin. "E' vero, principe, che voi diceste un giorno che il mondo lo salverà la 'bellezza'? Signori – gridò forte a tutti – il principe afferma che il mondo sarà salvato dalla bellezza... Quale bellezza salverà il mondo?"[1]. Il principe non risponde alla domanda (come un giorno il Nazareno davanti a Pilato non aveva risposto che con la sua presenza alla domanda "Che cos'è la verità?": *Gv 19,38*). Sembrerebbe quasi che il silenzio di Myskin – che sta accanto con infinita compassione d'amore al giovane che sta morendo di tisi a diciotto anni – voglia dire che la bellezza che salva il mondo è l'amore che condivide il dolore.

La bellezza di cui parlo non è dunque la bellezza seducente, che allontana dalla vera meta cui tende il nostro cuore inquieto: è invece la "bellezza tanto antica e tanto nuova", che Agostino confessa come oggetto del suo amore purificato dalla conversione, la bellezza di Dio[2]; è la bellezza che caratterizza il Pastore che ci guida con fermezza e tene-

---

1) F. DOSTOEVSKIJ, *L'idiota*, P. III, cap. V, Milano 1998, 645.

2) AGOSTINO, *Confessioni*, 10, 27.

rezza sulle vie di Dio, che è detto dal vangelo di Giovanni "il Pastore bello, che dà la vita per le sue pecore" (*Gv 10,11*). E' la bellezza cui fa riferimento san Francesco nelle *Lodi del Dio altissimo* quando invoca l'Eterno dicendo: "Tu sei bellezza!". E' la bellezza di cui recentemente ha scritto il Papa nella *Lettera agli artisti* affermando: "Nel rilevare che quanto aveva creato era cosa *buona*, Dio vide anche che era cosa *bella*... La bellezza è in un certo senso *l'espressione visibile del bene*, come il bene è *la condizione metafisica della bellezza*" (n. *3*). E' la bellezza di fronte alla quale "l'animo avverte una certa nobile elevazione al di sopra della semplice predisposizione al piacere sensibile" (IMMANUEL KANT, *Critica del giudizio*, § 59). Non si tratta quindi di una proprietà soltanto formale ed esteriore, ma di quel momento dell'essere a cui alludono termini come *gloria* (la parola biblica che meglio dice la "bellezza" di Dio in quanto manifestata a noi), *splendore*, *fascino*: è ciò che suscita attrazione gioiosa, sorpresa gradita, dedizione fervida, innamoramento, entusiasmo; è ciò che l'amore scopre nella persona amata, quella persona che si intuisce come degna del dono di sé, per la quale si è pronti a uscire da noi stessi e giocarsi con scioltezza.

Sento che ancora oggi la domanda su *questa* bellezza ci stimola fortemente: "Quale bellezza salverà il mondo?". Non basta deplorare e denunciare le brutture del nostro mondo. Non basta neppure, per la nostra epoca disincantata, parlare di giustizia, di doveri, di bene comune, di programmi pastorali, di esigenze evangeliche[3]. Bisogna parlarne con un cuore carico di amore compassionevole, facendo esperienza di quella carità che dona con gioia e suscita entusiasmo; bisogna irradiare la bellezza di ciò che è vero e giusto nella vita, perché solo questa bellezza rapisce veramente i cuori e li rivolge a Dio. Occorre insomma far comprendere ciò che Pietro aveva capito di fronte a Gesù trasfigurato ("Signore, è bello per noi restare qui!": *Mt 17,4*) e che Paolo, citando Isaia (*52,7*), sentiva di fronte al compito di annunciare il vangelo ("Quanto sono belli i piedi di coloro che recano un lieto annunzio di bene!": *Rom 10,15*).

Per chi si riconosce amato da Dio e si sforza di vivere l'amore solidale e fedele nelle diverse

---

3) "In un mondo senza bellezza – anche se gli uomini non riescono a fare a meno di questa parola e l'hanno continuamente sulle labbra, equivocandone il senso –, in un mondo che non ne è forse privo, ma che non è più in grado di vederla, di fare i conti con essa, anche il bene ha perduto la sua forza di attrazione, l'evidenza del suo dover-essere adempiuto; e l'uomo resta perplesso di fronte ad esso e si chiede perché non deve piuttosto preferire il male [...]. In un mondo che non si crede più capace di affermare il bello, gli argomenti in favore della verità hanno esaurito la loro forza di conclusione logica" (H. URS VON BALTHASAR, *La percezione della forma*, vol. 1 di *Gloria*, Milano, 1985, 11). Tutta la trilogia di von Balthasar, a partire dai sette volumi di *Gloria* e poi nella *Teodrammatica* e nella *Logica*, approfondisce questa comprensione del mistero di Dio dal punto di vista del "bello" e della sua espressione perfetta nel Verbo Incarnato e nella sua Chiesa operante nella storia.

situazioni di prova della vita e della storia, diventa allora bello vivere questa fine secolo, questo nostro tempo, che pur ci appare così pieno di cose brutte e laceranti, cercando di interpretarlo nei suoi enigmi dolorosi e conturbanti. E' bello cercare nella storia i segni dell'Amore Trinitario; è bello seguire Gesù e amare la sua Chiesa; è bello leggere il mondo e la nostra vita alla luce della croce; è bello dare la vita per i fratelli! E' bello scommettere la propria esistenza su Colui che non solo è la verità in persona, che non solo è il bene più grande, ma è anche il solo che ci rivela la bellezza divina di cui il nostro cuore ha profonda nostalgia e intenso bisogno.

Nasce di qui anche l'icona a cui fare riferimento in questa lettera pastorale. E' l'icona della Trasfigurazione, che unifica quanto ho richiamato fin qui:

– nei discepoli che *salgono al monte*, portando nel loro cuore tutte le inquietudini e le pesantezze che agitano la loro storia personale e collettiva, è possibile leggere le domande che sono in noi sul senso del tempo, la richiesta di significato che viene dalle angosce prodotte dalla violenza e da tutte le tragedie del nostro Novecento;

– nei discepoli che *vivono sul monte* l'esperienza bella della rivelazione del Padre e del Figlio amato nella nube dello Spirito si può cogliere la relazione fra tutte queste domande e il mistero trinitario, relazione capace di favorire il bisogno di sintesi del nostro cammino;

– nei discepoli che *scendono dal monte*, essi stessi trasfigurati nel cuore, si può leggere la necessità per tutti noi di andare e vivere la nostra vita di fede, la nostra attività pastorale e in particolare le iniziative del Giubileo con un respiro ampio e con uno slancio sincero di conversione e di rinnovamento.

La lettera sarà dunque concepita anzitutto come una rilettura dell'episodio della Trasfigurazione secondo tre momenti: la salita verso il monte, la rivelazione sul monte, la discesa dal monte. Su tutto dominerà il tema della bellezza della rivelazione trinitaria che risalta dal racconto sinottico (*Mt 17,1-10*; *Mc 9,2-8*; *Lc 9,28-37*) riportato all'inizio della lettera.

INTERMEZZO METODOLOGICO

A questo punto sarei pronto a iniziare la trattazione, ma c'è qualcosa che ancora mi trattiene. Mi domando: come far partecipare coloro che leggeranno questa lettera alla mia ricerca e alle mie fatiche per scriverla? come far sì che questa conoscenza ulteriore della Trinità, a cui tende la lettera, sia una vera esperienza spirituale? Non basta per questo una nitida esposizione della dottrina, che si può trovare in tutti i catechismi[4]. Il mistero trinitario chiede di coinvolgersi in esso, accettando anche la sofferenza.

Vi sono infatti diversi modi di approccio al mistero della Trinità. Quello più classico considera Dio nel suo mistero di unità e di molteplicità, studia le relazioni fra le persone e coglie con frutto qualche riflesso, di questa molteplicità-comunione, nelle comunità umane a cominciare dalla famiglia. La Trinità appare come un modello di

4) Cf. a es. CONFERENZA EPISCOPALE ITALIANA, *La verità vi farà liberi, Catechismo degli adulti,* 1995, 165-180.

relazioni fra persone e può motivare un giusto modo di comprendere la società e soprattutto la Chiesa.

Un approccio più usuale oggi è quello storico-salvifico: la Trinità si manifesta nel susseguirsi degli eventi di salvezza, al cui centro sta il mistero dell'Incarnazione. Dio si rivela Padre mandandoci il Figlio; il Figlio rivela la sua unità col Padre abbandonandosi a Lui e alla sua volontà fino alla morte; lo Spirito è donato dal Figlio e ne continua la presenza presso gli uomini. Così, a partire dal mistero pasquale, Dio si mostra Padre, Figlio e Spirito santo.

Percorrendo questi vari modi di approccio, che non si escludono ma sono complementari, ho sentito però il bisogno di entrare in una via di conoscenza più personale, quasi per una certa connaturalità. Una conoscenza della Trinità che significhi anche un passo avanti nella fede-speranza-carità, che costi qualcosa, che segni un superamento di sé per lasciare spazio alla conoscenza di Dio. Una conoscenza che sia insieme una chiave per la lettura "a caro prezzo" (cf. *1Cor 6,20* e *7,23*) del tempo e del significato delle vicende umane, come pure del proprio io e del "noi oggi" della Chiesa. Se è vero che non è possibile una conoscenza puramente "oggettiva" di Dio, ma che lo si può conoscere soltanto entrando in relazione e donandosi, la via di accesso è quella di Gesù, che ama e si dona senza rimpianti.

Si tratta dunque di entrare nel mistero della Trinità a partire dal Figlio, con un movimento spirituale che coinvolga tutta la persona. Gesù stesso ha detto: "Nessuno conosce il Padre se non il Figlio e colui al quale il Figlio lo voglia rivelare" (*Mt 11,27*). Occorre quindi entrare nell'esperienza del Figlio.

Questa esperienza si esprime soprattutto in due momenti: nella gratitudine e nell'abbandono. Il momento della gratitudine è espresso in testi come *Mt 11,25*: "Ti benedico, o Padre, Signore del cielo e della terra...", o come *Gv 11,41*: "Padre, ti ringrazio che mi hai ascoltato". Si tratta di partecipare alla gratitudine di Gesù che tutto riceve dal Padre suo e in tutto trova modo di lodarlo. Vivendo lo spirito di riconoscenza e di gioia filiale per tutto quanto riceviamo, anche se contrario alle nostre attese, noi entriamo in quella conoscenza che Gesù ha del Padre e viviamo in Lui qualcosa del mistero trinitario.

Il momento dell'abbandono è espresso in testi come *Mt 26,39*: "Non come voglio io, ma come vuoi tu" e come *Lc 23,46*: "Padre, nelle tue mani consegno il mio spirito", letto alla luce di *Mt 27,47*: "Dio mio, Dio mio, perché mi hai abbandonato?". In questi momenti Gesù esprime al sommo la sua fiducia totale nel Padre, da cui pure si sente come abbandonato. E' entrando intimamente nel cuore di Cristo con una esperienza simile alla sua che noi possiamo dire di conoscere un po' di più il

Padre passando per i sentimenti del Figlio. Ci sono momenti della vita in cui tale esperienza richiede una dedizione eroica. Sentiamo allora più chiaramente che non sta in noi vivere tali sentimenti, ma è lo Spirito che li suscita dentro il nostro cuore. Siamo così nel vivo dell'esperienza che Gesù fa del Padre e dello Spirito. La Trinità non è più allora un teorema astratto o una serie di semplici racconti, ma qualcosa che sentiamo dentro e che ci fa vibrare all'unisono col mistero divino. Da questo centro spirituale è possibile riconsiderare le domande sul mondo e sulla storia, non per avere risposte ancora una volta teoriche e quasi distaccate da noi, ma per intuire quale deve essere il nostro coinvolgimento in quella passione d'amore e di misericordia con cui la Trinità santa ha creato il mondo e lo ama per condurlo verso la sua pienezza.

Tutta questa lettera pastorale è stata vissuta, prima di essere scritta, lasciandosi muovere dallo Spirito per entrare nel cuore del Figlio e così conoscere il Padre. Non ho altro scopo, divulgandola, che di aiutare tutti a compiere questo cammino.

Siamo dunque pronti a entrare nella *lectio divina* dell'episodio della Trasfigurazione di Gesù.

I.

QUALE BELLEZZA SALVERÀ IL MONDO?

La salita al Tabor e le domande dei discepoli

Gli apostoli che Gesù invita a salire con sé sul monte, sei giorni dopo l'annuncio di una prossima misteriosa manifestazione del Figlio dell'uomo (cf. *Mt 17,1*), portavano con sé le domande sempre più gravi che venivano emergendo nel loro cuore. Stando con Gesù e imparando a confrontare la loro precedente visione della vita e della storia con quanto egli veniva operando e insegnando, si chiedevano: in che modo questo Maestro, che esercita un così grande fascino, corrisponde alle promesse di Dio per la salvezza del suo popolo? come può un uomo così buono e mite mettere ordine in un mondo così cattivo? e che cosa significa il destino di sconfitta e di morte di cui ci sta parlando? (cf. *Mt 16,21-23*).

Sono le domande che noi cristiani sentiamo riemergere alla fine di questo secolo e di questo millennio: come può la mite bellezza del

Crocifisso risorto portare salvezza a questa umanità cinica e crudele?

E' l'interrogativo che Dostoevskij metteva in bocca a Ippolit un secolo fa e che riecheggia oggi in diverse forme, a esempio:

– nel grande scenario della storia, dove la guerra dei Balcani ha riaperto ferite che almeno in Europa si pensavano rimarginate per sempre;

– nella fatica e nella stanchezza che spesso si avverte anche fra i credenti a rendere ragione, con entusiasmo e convinzione, della speranza che è in loro davanti al male del mondo;

– nello scoraggiamento che tenta un po' tutti di fronte alla banalità del quotidiano, alle tante forme di bruttezza del vivere, con l'incapacità a leggervi un richiamo a qualcosa di più grande, per cui valga la pena spendersi.

a) Lo scenario del tempo: il secolo non più breve

Gli eventi del 1999 nei Balcani hanno come cancellato il giudizio diffuso che il '900 fosse il "secolo breve" (Eric Hobsbawm), concluso col fatidico 1989. Ciò che sembrava irripetibile delle atrocità del Novecento ricompare: guerra, genocidi, distruzioni e morte. Il secolo che sembrava chiudersi con la crisi delle ideologie si ritrova attraversato da steccati e contrapposizioni ideologiche analoghe a quelle delle due guerre mondiali o dei lunghi decenni della guerra fredda: in questo senso si potrebbe dire che il nostro è "il secolo *non più* breve"; è il secolo in cui le ideologie che si credevano finite continuano in realtà a influenzare, con la loro logica di contrapposizioni, le scelte dei singoli e dei popoli, producendo nuove e terribili violenze. Noi sappiamo infatti che quanto è avvenuto nei Balcani non è che una delle tragedie che segnano tanti altri paesi, soprattutto nell'Africa.

Alle soglie dell'anno giubilare – che siamo invitati a vivere come una contemplazione dello svolgersi del tempo nel seno della Trinità – sembrano dunque tornare le drammatiche domande di sempre, radicate nel dolore umano: che senso ha la storia? come Dio si rivela nella tragedia? perché il Padre delle misericordie sembra tacere davanti alla sofferenza delle sue creature? perché permette che fra di esse vi sia tanto odio e tanta violenza?

b) Lo scenario del cuore: la fatica di coniugare salvezza e storia

Ciò che sembra imporsi alla meditazione della nostra fede è lo sforzo di coniugare l'oggi del dolore umano all'oggi di Dio Salvatore, di cui il Giubileo celebra i 2000 anni dalla nascita nel tempo. Una lettura sintetica di questi venti secoli, il cui potenziale tragico sembra riassunto nei recenti eventi di guerra, cerca luce nella rivelazione dell'amore trinitario compiutasi nella Pasqua di resurrezione del Crocifisso. La Pasqua rivela il senso della storia: una storia orientata alla finale vittoria di Dio, di cui la resurrezione del Crocifisso è anticipazione e promessa. Eppure sembra che nel cuore dei credenti ci sia tanta fatica a render ragione della speranza che è in loro (cf. *1Pt 3,15*).

E' quindi urgente ascoltare la parola della vicinanza e della consolazione di Dio, rivelata a Pasqua: è lì che Dio ha tanto amato il mondo da dare il Suo Figlio unigenito (cf. *Gv 3,16*); è lì che il Padre si rivela come amore nel gesto supremo del sacrificio di Gesù (cf. *1Gv 4,8ss*). E' davanti a questo amore che ognuno di noi può far sue le parole di Pietro sul monte dinanzi alla rivelazione della Trinità: "E' bello per noi stare qui". E' in questo amore rivelato sulla Croce che è possibile riconoscere e indicare a tutti – credenti e non credenti in ricerca – la bellezza che salva e che si offre come luce e forza anche nel frammento frastornante e dolorante del nostro presente.

E' nella "contemplazione" del mistero pasquale che intravedo come una "cifra", una chiave di lettura del mio cammino episcopale durante questi venti anni. Abbiamo voluto esercitarci a contemplare la storia alla luce della Trinità e la Trinità nella trama degli eventi di questo mondo.

c) Le negazioni della bellezza e la domanda sul senso della vita e della storia

Ciò che ci spinge a cercare tanto intensamente la bellezza di Dio rivelata a Pasqua è anche il suo contrario, cioè la negazione della bellezza. La vera bellezza è negata dovunque il male sembra trionfare, dovunque la violenza e l'odio prendono il posto dell'amore e la sopraffazione quello della giustizia. Ma la vera bellezza è negata anche dove non c'è più gioia, specialmente là dove il cuore dei credenti sembra essersi arreso all'evidenza del male, dove manca l'entusiasmo della vita di fede e non si irradia più il fervore di chi crede e segue il Signore della storia.

E' vero che qualche lettore di buona volontà potrebbe dire a questo punto: ma io, che pur vorrei amare il Signore, sono certo di irradiarlo? Vi sono talora sofferenze fisiche, psichiche e spirituali che appesantiscono la vita e danno l'impressione di non saper comunicare la gioia del vangelo. Tuttavia chi legge nel cuore vi scopre una pace di fondo, che è silenziosa testimonianza del senso di una vita donata a Cristo.

Io parlo qui, invece, di quella negazione della bellezza che è spesso sottile e pervasiva e abita la vita di credenti e non credenti: è la mediocrità che avanza, il calcolo egoistico che prende il posto della generosità, l'abitudine ripetitiva e vuota che sostituisce la fedeltà vissuta come continua novità del cuore e della vita. Come credenti, dovremmo chiederci se la Chiesa che costruiamo ogni giorno è bella e capace di irradiare la bellezza di Dio. Coloro che si sono impegnati a una mutua fedeltà nell'amore sponsale si domandino se, al di là degli inevitabili pesi della vita, traspare qualcosa della bellezza della reciproca donazione. Anche i presbiteri e i consacrati si interroghino se a volte l'abitudine o le immancabili disillusioni non abbiano spento l'entusiasmo degli inizi. Nessuna negazione della bellezza è così triste come quella che proviene da chi con la sua intera vita è stato chiamato a essere il testimone dell'Amore crocifisso, e quindi l'apostolo della Bellezza che salva.

Prima di concludere questa prima parte sento che un altro interrogativo emerge nel mio cuore. In quali condizioni i nostri ragazzi e adolescenti sono chiamati oggi a cogliere la bellezza di Dio e della vita secondo il vangelo? come possono, in un mondo consumistico, in cui sembra che sia possibile comprare tutto col denaro, non lasciarsi illudere dall'effimero e decidersi invece per ciò che vale e costa sacrificio? come far comprendere loro che la vocazione alla bellezza passa per una coraggiosa ascesi della mente e del cuore? Sono convinto che la "bella testimonianza" (cf. *1Tim 6,13*) di Colui che ha dato la vita per amore di ciascuno di noi, riflessa nelle pagine della Scrittura, assimilata nella *lectio divina* e incarnata nella vita di tanti testimoni del nostro tempo (da Padre Kolbe a Gianna Beretta Molla a Madre Teresa di Calcutta...) è tutt'oggi capace di vincere i condizionamenti del nostro tempo e di entusiasmare per la vera bellezza di Dio.

II.

LA RIVELAZIONE DELLA BELLEZZA CHE SALVA:

la trasfigurazione, la Trinità e il mistero pasquale

Siamo dunque saliti sul monte in compagnia dei tre discepoli accanto a Gesù, portando con noi le loro e le nostre domande. Che cosa ci risponderà ora il Signore? In realtà, sul monte Gesù non ci parla: si trasfigura! "Dopo sei giorni, Gesù prese con sé Pietro, Giacomo e Giovanni e li portò sopra un monte alto, in un luogo appartato, loro soli. Si trasfigurò davanti a loro e le sue vesti divennero splendenti, bianchissime: nessun lavandaio sulla terra potrebbe renderle così bianche. E apparve loro Elia con Mosè e discorrevano con Gesù. Prendendo allora la parola, Pietro disse a Gesù: 'Maestro, è bello per noi stare qui; facciamo tre tende, una per te, una per Mosè e una per Elia!'" (*Mc 9,2-5*). Il racconto di Luca dice che anche i due personaggi partecipano della bellezza di Gesù: "apparsi nella loro gloria" (*Lc 9,31*).

Il monte è nella Bibbia il luogo della rivelazione, novello Sinai dove Dio parla al Suo popolo. Gesù è la Legge in persona, la *Torah* fatta carne, che si manifesta nello splendore della luce divina: è la Verità vivente, attestata dai due testimoni per eccellenza, Mosè ed Elia, figure della Legge e dei Profeti. Questa esperienza appare ai discepoli non solo vera e buona, ma anche bella: è il fascino della Verità e del Bene, è la bellezza di Dio che si offre a loro. Tale Bellezza è collegata nel racconto alla misteriosa rivelazione della Trinità: "Poi si formò una nube che li avvolse nell'ombra e uscì una voce dalla nube: 'Questi è il Figlio mio prediletto; ascoltatelo!'" (v. *7*). La nube e l'ombra sono figura dello Spirito di Dio. La voce è quella del Padre e Gesù è indicato come il Figlio, l'Amato: è dunque la Trinità che si sta comunicando ai discepoli. La Bellezza a cui fa riferimento l'esclamazione di Pietro è dunque quella della Trinità divina.

Nel racconto di Luca viene indicato espressamente dove la piena rivelazione della Trinità si compirà: nell'evento pasquale. "Parlavano della sua dipartita, che avrebbe portato a compimento in Gerusalemme" (*Lc 9,31*). Negli altri sinottici l'allusione a tale evento avviene al momento della discesa: "Mentre scendevano dal monte, (Gesù) ordinò loro di non raccontare a nessuno ciò che avevano visto, se non dopo che il Figlio dell'uomo fosse risuscitato dai morti. Ed essi tennero per sé la cosa, domandandosi però che cosa volesse dire risuscitare dai morti. E lo interrogarono: 'Perché gli scribi dicono che prima deve venire Elia?'. Egli rispose loro: 'Sì, prima viene Elia e ristabilisce ogni cosa; ma come sta scritto del Figlio dell'uomo? Che deve soffrire molto ed essere disprezzato'" (*Mt 17, 9-12*).

La morte e resurrezione del Figlio dell'uomo sono dunque il luogo in cui la Trinità si rivela definitivamente al mondo come amore che salva: "In questo sta l'amore: non siamo stati noi ad amare Dio, ma è lui che ha amato noi e ha mandato il suo Figlio come vittima di espiazione per i nostri peccati" (*1Gv 4,10*).

La Trasfigurazione ci consente allora di riconoscere nella rivelazione della Trinità la rivelazione della "gloria", e rinvia al pieno compimento di tale rivelazione nella suprema consegna dell'amore che si realizza sulla Croce. E' lì che "il più bello tra i figli dell'uomo" (*Sal 44,3*) si offre – nel segno paradossale del contrario – come "uomo dei dolori... davanti al quale ci si copre la faccia" (*Is 53,3*). La Bellezza è l'Amore crocifisso, rivelazione del cuore divino che ama: del Padre sorgente di ogni dono, del Figlio consegnato alla morte per amore nostro, dello Spirito che unisce Padre e Figlio e viene effuso sugli uomini per condurre i lontani da Dio negli abissi della carità divina.

Accompagniamo allora i discepoli nel cammino che Gesù sul monte ha loro mostrato: contempliamo con loro la gloria di Dio, la divina bellezza nella Croce e Resurrezione del Figlio dell'Uomo, dal Venerdì santo – ora delle tenebre in cui la Bellezza è crocifissa – fino allo splendore del giorno di Pasqua. Vorrei che questo cammino non si limitasse a una successione di richiami biblici, ma rappresentasse come un percorso di fuoco, in cui inoltrarsi con decisione personale e insieme con timore e tremore, lasciandosi bruciare dalla fiamma di Dio.

a) La Bellezza crocifissa: il Venerdì santo e l'oggi del dolore dell'uomo

La Croce è rivelazione della Trinità nell'ora della "consegna" e dell'abbandono: il Padre è Colui che consegna alla morte il Figlio per noi; il Figlio è Colui che si consegna per amore nostro; lo Spirito è il Consolatore nell'abbandono, consegnato dal Figlio al Padre nell'ora della Croce ("E chinato il capo, diede lo Spirito": *Gv 19,30*; cf. *Eb 9,14*) e dal Padre al Figlio nella resurrezione (cf. *Rom 1,4*). Sulla Croce il dolore e la morte entrano in Dio per amore dei senza Dio: la sofferenza divina, la morte in Dio, la debolezza dell'Onnipotente sono altrettante rivelazioni del Suo amore per gli uomini. E' questo amore incredibile e insieme mite, attraente che ci coinvolge e ci affascina, quello che esprime la vera Bellezza che salva. Questo amore è fuoco divorante, a esso non si resiste se non con una ostinata incredulità o con un persistente rifiuto a mettersi in silenzio davanti al suo mistero, cioè col rifiuto della "dimensione contemplativa della vita".

Certo, il Dio cristiano non dà in questo modo una risposta teorica alla domanda sul perché del dolore del mondo. Egli semplicemente si offre come la "custodia", il "grembo" di questo dolore, il Dio che non lascia andare perduta nessuna lacrima dei Suoi figli, perché le fa Sue. E' un Dio vicino, che proprio nella vicinanza rivela il Suo amore di misericordia e la Sua tenerezza fedele. Ci invita a entrare nel cuore del Figlio che si abbandona al Padre e a sentirci così dentro il mistero stesso della Trinità.

Il Figlio è il grande compagno della sofferenza umana, colui che ci è dato riconoscere in tutte le sofferenze, soprattutto quelle che chiamiamo "innocenti": si pensi a quanto è stato forte questo motivo del "dolore innocente" nell'opera instancabile di un don Carlo Gnocchi per i suoi "mutilatini". Il volto "davanti al quale ci si copre la faccia" (*Is 53,3*) ci appare come un volto bello, quello che Madre Teresa di Calcutta contemplava con tenerezza nei suoi poveri e nei morenti.

b) Lo splendore della Bellezza: Pasqua e la salvezza del mondo

A Pasqua risplende la Bellezza che salva, la carità divina si effonde nel mondo. Nel Risorto, colmato dal Padre dello Spirito di vita, non solo si compie la vittoria sul silenzio della morte ed è offerta la forma dell'Uomo nuovo, che è tale in pienezza secondo il progetto di Dio, ma si compie anche il supremo "esodo" da Dio verso l'uomo e dall'uomo verso Dio, si attua quell'apertura all'oltre da sé, cui aspira il cuore umano. Se facciamo nostro nella fede l'evento di Pasqua, siamo noi pure trascinati in questo vortice che ci invita a uscire da noi stessi, a dimenticarci, a gustare la bellezza del dono gratuito di sé.[5]

c) L'incontro con la Bellezza che salva: i racconti delle apparizioni

La rivelazione della Trinità come bellezza divina che salva raggiunge la vita dei discepoli negli incontri testimoniati dai racconti delle apparizioni. Nella varietà cronologica e geografica di queste scene, emerge una struttura ricorrente: è il Risorto che prende l'iniziativa e si mostra vivente (cf. *At 1,3*). L'incontro viene a noi dall'esterno, attraverso un gesto e una parola che ci raggiungono e che

---

5) La bellezza della Pasqua è al tempo stesso totalità, armonia e splendore: in essa si trovano dunque quei tre aspetti della bellezza che la tradizione classica ha sempre sottolineato. Afferma san Tommaso (*Summa Theologica* I q. 39 a. 8c): "*Pulchritudo* habet similitudinem cum propriis Filii", "La bellezza ha somiglianza con ciò che è proprio del Figlio". E aggiunge a spiegazione di questa tesi che – perché ci sia bellezza – occorrono tre cose: la "totalità" (*integritas*), la "proporzione" o "armonia" delle parti (*proportio*) e lo "splendore" (*claritas*). Tommaso riconosce la presenza di questi tre elementi nel Figlio: in particolare, il "tutto" della

sono oggi il gesto e la parola della Chiesa che annuncia il Risorto. Gesti e parole che suscitano sorpresa gioiosa, esultanza per la gloria del Risorto, consolazione nel sentirsi tanto amati, voglia di donarsi a Colui che ci chiama a partecipare alla sua pienezza di vita, desiderio di gridare la lieta confessione di fede: "è il Signore!" (*Gv 21,7*); "Mio Signore e mio Dio!" (*Gv 20,28*).

Chi ha incontrato il Risorto è inviato da lui a essere suo testimone: l'incontro pasquale cambia la vita di chi lo sperimenta. I pavidi fuggiaschi del Venerdì santo diventano i testimoni coraggiosi di Pasqua fino a dare la vita per la confessione del loro Signore. Il suo splendore ha veramente rapito il loro cuore e ha fatto di loro gli annunciatori del dono di Dio, quelli che avendo fatto esperienza della salvezza e gustandone la bellezza e la gioia, avvertono il bisogno incontenibile di portare ad altri il dono ricevuto.

Trasfigurati dall'amore che salva, i discepoli

---

divinità si fa presente e risplende nel "frammento" che è l'umanità del Salvatore. In Gesù la bellezza si affaccia in quanto Egli – icona perfetta del Padre – è la rivelazione del mistero divino che si fa conoscere e amare da noi e, al tempo stesso, in quanto è la porta che introduce nell'abisso dell'amore trinitario e comunica a noi questo amore.
Come scrive Giovanni Paolo II nella *Lettera agli artisti,* "facendosi uomo, il Figlio di Dio ha introdotto nella storia dell'umanità tutta la *ricchezza evangelica della verità e del bene*, e con essa ha svelato anche *una nuova dimensione della bellezza*: il messaggio evangelico ne è colmo fino all'orlo" (n. 5).

diventano i testimoni di questa trasfigurazione: la bellezza che li ha rapiti a se stessi, diventa la molla che li spinge a dare a tutti gratuitamente quanto gratuitamente è stato loro donato.

d) Il "Pastore bello" e la Chiesa dell'amore

Essere testimoni della Bellezza che salva nasce dal farne continua e sempre nuova esperienza: ce lo fa capire lo stesso Gesù quando, nel vangelo di Giovanni, si presenta come il "Pastore bello" (così è nell'originale greco, anche se la traduzione normalmente preferita è quella di "buon Pastore"): "Io sono il pastore bello. Il bel pastore offre la vita per le pecore... Io sono il bel pastore, conosco le mie pecore e le mie pecore conoscono me, come il Padre conosce me e io conosco il Padre; e offro la vita per le pecore" (*Gv 10,11. 14s*). La bellezza del Pastore sta nell'amore con cui consegna se stesso alla morte per ciascuna delle sue pecore e stabilisce con ognuna di esse una relazione diretta e personale di intensissimo amore. Questo significa che l'esperienza della sua bellezza si fa lasciandosi amare da Lui, consegnandogli il proprio cuore perché lo inondi della sua presenza, e corrispondendo all'amore così ricevuto con l'amore che Gesù stesso ci rende capaci di avere.

Il luogo in cui questo incontro di amore bello e vivificante con il Pastore è possibile, è la Chiesa: è in essa che il bel Pastore parla al cuore di ciascuna delle sue pecore e rende presente nei sacramenti il dono della sua vita per noi; è in essa che i discepoli possono attingere dalla Parola, dagli eventi sacramentali e dalla carità vissuta nella comunità la gioia di sapersi amati da Dio, custoditi con Cristo nel cuore del Padre. La Chiesa è in tal senso la Chiesa dell'Amore, la comunità della Bellezza che salva: farne parte con adesione piena del cuore che crede e che ama è esperienza di gioia e di bellezza, quale nulla e nessuno al mondo può dare allo stesso modo. Essere chiamati a servire questa Chiesa con la totalità della propria esistenza, nel sacerdozio e nella vita consacrata, è un dono bello e prezioso, che fa esclamare: "Per me la sorte è caduta su luoghi deliziosi, è magnifica la mia eredità" (*Sal 16,6*).

La conferma di questo ci viene dalla vita dei Santi: essi non solo hanno creduto nel "bel Pastore" e lo hanno amato, ma soprattutto si sono lasciati amare e plasmare da lui. La sua carità è diventata la loro; la sua bellezza si è effusa nei loro cuori e si è irradiata dai loro gesti.

Quando la Chiesa dell'amore attua in pieno la sua identità di comunità raccolta dal "bel Pastore" nella carità divina, si offre come "icona" vivente della Trinità e annuncia al mondo la bellezza che salva. E' questa la Chiesa che ci ha generato alla fede e continuamente ha reso bello il nostro cuore con la luce della Parola, il perdono di Dio e la forza del pane di vita. E' questa la Chiesa che vorremmo essere, aprendoci allo splendore che irradia dall'alto affinché esso – dimorando nelle nostre comunità – attiri il "pellegrinaggio dei popoli" secondo la stupenda visione che i Profeti hanno della salvezza finale: "Alla fine dei giorni, il monte del tempio del Signore sarà eretto sulla cima dei monti e sarà più alto dei colli; ad esso affluiranno tutte le genti. Verranno molti popoli e diranno: Venite, saliamo sul monte del Signore, al tempio del Dio di Giacobbe, perché ci indichi le sue vie e possiamo camminare per i suoi sentieri" (*Is 2,1-3*; cf. *Mi 4,1-3*; *Zc 8,20s; 14,16*; *Is 56,6-8; 60,11-14*). Attraverso il popolo del "bel Pastore" la luce della salvezza potrà raggiungere tanti attirandoli a Lui e la sua bellezza salverà il mondo.

III.

TESTIMONI DELLA BELLEZZA CHE SALVA:

la discesa dal monte e l'invito "Alzatevi e non temete"

La reazione dei discepoli al dono della trasfigurazione è quella di fermare la bellezza di cui hanno fatto esperienza: "Maestro, è bello per noi stare qui. Facciamo tre tende, una per te, una per Mosè e una per Elia" (*Lc 9,33*). La bellezza però non è possesso, è dono e come tale va donata, non trattenuta: ai discepoli prostrati in adorazione e presi da grande timore Gesù, avvicinandosi e toccandoli, dice: "Alzatevi e non temete" (*Mt 17,7*). E' l'invito a riprendere il cammino senza paura, a scendere dal monte verso la vita ordinaria e a intraprendere il grande viaggio che porterà il Figlio dell'uomo a Gerusalemme per compiere il proprio destino.

E' l'invito rivolto anche a noi a proseguire il nostro pellegrinaggio verso la Gerusalemme del cielo senza paura, sapendo che Egli è con noi e che perciò la vita è bella ed è bello impegnarsi per il Regno. E' l'invito ad accogliere, annunciare e condividere con tutti la Bellezza che salva. Attualizzando per il nostro oggi questa riflessione, potremmo dire che riscoprire la bellezza di Dio significa riscoprire le ragioni della nostra fede davanti al male che devasta la terra e le motivazioni profonde del nostro impegno a servizio di tutti, per la gloria di Dio. Chi fa esperienza della Bellezza apparsa sul Tabor e riconosciuta nel mistero pasquale, chi crede all'annuncio della Parola della fede e si lascia riconciliare col Padre nella comunione della Chiesa, scopre la bellezza d'esistere, a un livello che nulla e nessuno al mondo potrebbe dargli.

Di questa Bellezza, che viene dall'alto, il discepolo di Gesù deve nutrirsi e sempre di nuovo farsi annunciatore, per condividerla con chi non la conosce e con chi in forme diverse ne è alla ricerca. L'invito ci raggiunge tutti particolarmente in questo anno di grazia e di rinnovamento che è l'anno giubilare del 2000. Perciò, a nome di Gesù Crocifisso e Risorto, vorrei dire a tutti voi la parola che risuona dal Tabor: "Alzatevi e non temete!", invitandovi a fare esperienza del dono di Dio, vera bellezza che salva, ad annunciarlo con la parola e la vita per condividere con tutti lo splendore del vero e del bene, che è la luce della Bellezza divina.

Confortato dall'icona della Trasfigurazione, che mi ha condotto a contemplare con voi la rivelazione della Trinità e della Sua bellezza nel triduo santo, mi piacerebbe esclamare con voi: "Signore, è bello per noi stare con Te", nel desiderio di trovare incitamento in questa esperienza di grazia a vivere la nostra vocazione e missione con gioia sempre più grande. In particolare, ai miei fratelli nel ministero ordinato vorrei ricordare le parole con cui l'apostolo Paolo traccia il compito a noi affidato: "Siamo i collaboratori della vostra gioia" (*2 Cor 1,24*). E a tutti i consacrati richiamo quanto dice loro Giovanni Paolo II, partendo proprio dall'episodio della Trasfigurazione: "La persona che dalla potenza dello Spirito santo è condotta progressivamente alla piena configurazione a Cristo, riflette in sé un raggio della luce inaccessibile e nel suo peregrinare terreno cammina fino alla fonte inesauribile della luce. In tal modo la vita consacrata diventa una espressione particolarmente profonda della Chiesa Sposa, la quale, condotta dallo Spirito a riprodurre in sé i lineamenti dello Sposo, Gli compare davanti 'tutta gloriosa senza macchia né ruga o alcunché di simile, ma santa e immacolata' (*Ef 5,27*)" (*Vita consecrata*, n. *19*).

a) Fare esperienza della Bellezza che salva: conversione e riconciliazione

Fare esperienza della Bellezza che salva significa anzitutto vivere il cammino della fede, specialmente nella preghiera personale e liturgica vissuta come preghiera in Dio, nello Spirito, per il Figlio andando al Padre e tutto da Lui ricevendo nella pace. E' l'esperienza del riconoscersi amati e salvati, perdutamente affidati al Dio vivo, nascosti con Cristo nelle relazioni d'amore della Trinità. A tale esperienza si arriva attraverso la conversione del cuore e la riconciliazione con Dio e con la comunità.

La Bellezza della carità divina – una volta sperimentata nel profondo del cuore – non può non condurre al superamento dell'individualismo, purtroppo così diffuso anche fra i cristiani. Veniamo condotti a riscoprire il valore del "noi" nella nostra vita, tanto a livello di comunità ecclesiale quanto nelle singole comunità familiari e in tutte le forme in cui, come credenti, ci troviamo a vivere la relazione con gli altri. In particolare, la bellezza della comunione dovrà risplendere nelle comunità dei consacrati e delle consacrate che per vocazione sono chiamati a essere icona della comunione di tutta la Chiesa, fondata nella comunione della Trinità divina.

Essa dovrà risplendere anche nella liturgia. Quanto è importante una celebrazione liturgica che nei tempi, nei gesti, nelle parole e negli arredi riflette qualcosa della bellezza del mistero di Dio!

Ogni volta, nel cuore della celebrazione eucaristica, l'esclamazione "mistero della fede" scaturisce dallo stupore consapevole dell'orante, quando lo splendore della verità gli si manifesta in pienezza. Dopo aver compiuto ciò che il Signore Gesù ha comandato agli Apostoli di ripetere "in memoria di Lui", gli occhi della fede si aprono, come quelli dei discepoli di Emmaus (cf. *Lc 24,30-31*) e confessiamo con stupore e gratitudine il "mistero della pietà" (cf. *1Tim 3,16*). La Bellezza si svela nel mistero di Cristo culminante nella Pasqua: la celebrazione eucaristica ne costituisce il memoriale. L'esigenza del celebrare bene si radica in queste convinzioni. I ritmi di parola, silenzio, canto, musica, azione nello svolgersi del rito liturgico contribuiscono a questa esperienza spirituale[6].

b) Annunciare la Bellezza che salva

In questa fine di secolo e di millennio l'incontro con la Bellezza dà nuovo impulso alla passione missionaria in tutte le sue forme: proclamare la bellezza della Trinità divina, educare a farne esperienza, testimoniare la carità che ne deriva e l'impegno per la giustizia, formare i giovani a questi valori, sono altrettanti compiti che esige la "discesa dal monte".

---

6) E' in questo cammino di rinnovata esperienza della Bellezza che salva, incontrata specialmente nel dono di grazia che sono i sacramenti, che si situa la proposta di valorizzare l'itinerario dell'anno liturgico e particolarmente i tempi forti, oltre che l'itinerario propriamente giubilare, per giungere attraverso la conversione e la penitenza a riscoprire la bellezza di Dio e il suo significato per la vita e per la storia. Per questo invito tutti a utilizzare le indicazioni offerte nello "Strumento di lavoro per i Consigli pastorali", dal titolo *Lavorare insieme 1999-2000*, specialmente riguardo all'itinerario pastorale secondo l'anno liturgico (pp. *8-13*).

L'itinerario giubilare si presta in modo particolare a vivere questo annuncio della Bellezza che salva con i suoi cinque momenti: spirituale, ecclesiale, caritativo, penitenziale e mariano[7].

Ma anche l'arte è un annuncio della Bellezza che salva. "Ogni autentica ispirazione racchiude in sé qualche fremito di quel 'soffio' con cui lo Spirito creatore pervadeva fin dall'inizio l'opera della creazione. Presiedendo alle misteriose leggi che governano l'universo, il divino soffio dello Spirito creatore si incontra con il genio dell'uomo e ne stimola la capacità creativa. Lo raggiunge con una sorta di illuminazione interiore che unisce insieme l'indicazione del bene e del bello e risveglia in lui le energie della mente e del cuore rendendolo atto a concepire l'idea e a darle forma nell'opera d'arte. Si parla allora giustamente, se pure analogicamente, di 'momenti di grazia', perché l'essere umano ha la possibilità di fare una qualche esperienza dell'Assoluto che lo trascende" (Giovanni Paolo II, *Lettera agli artisti*, n. *15*).

Sottolineo in particolare il significato delle architetture e delle iconografie sacre. Desiderare che nascano con l'impronta della bellezza è rispettare la loro primaria funzione di testimoniare l'irruzione della grazia divina nella nostra quotidianità. Architetture e iconografie sacre desuete, ripetitive, che non si sforzano di rispettare il dettato del nostro *Sinodo 47°* (cf. Cost. *540*), non sono in grado di suscitare l'emozione propria del mistero

7) Cf. *Lavorare insieme 1999-2000* (pp. *14-19*).

cui alludono, non commuovono e non portano alla lode: dovrebbero invece essere una freccia lanciata all'interiorità attraverso il linguaggio della bellezza, un sostegno alla contemplazione.

c) Condividere con tutti la ricerca e il dono della Bellezza

Mettersi in ascolto delle domande vere del cuore umano vuol dire cogliere ogni nostalgia di bellezza, dovunque essa sia presente, per camminare insieme con tutti nella ricerca della Bellezza che salva. Vivere l'impegno ecumenico, il dialogo interconfessionale e interreligioso, è compito urgente per rispettare e promuovere insieme con tutti la Bellezza come giustizia, pace e salvaguardia del creato. Si potrà qui valorizzare l'esperienza del dialogo con i non credenti quale forma di comune ricerca della Bellezza che salva.

Condividere il dono della Bellezza significa inoltre vivere la gratuità dell'amore: la carità è la Bellezza che si irradia e trasforma chi raggiunge. Nella carità non c'è rapporto di dipendenza fra chi dà e chi riceve, ma scambio nella comune partecipazione al dono della Bellezza crocifissa e risorta, dell'Amore divino che salva. Va allora riscoperto il valore dell'altro e del diverso, inteso sul modello delle relazioni vicendevoli delle tre Persone divine: non l'altro come concorrente o dipendente, ma come ricchezza e grazia nella diversità.

d) Vivere l'anno giubilare nell'unità delle tre dimensioni: sacramentale, profetica e caritativa

L'unità delle tre dimensioni indicate – quella dell'esperienza sacramentale della Bellezza che salva, quella dell'ascolto della Parola che l'annuncia e della proclamazione di essa, quella della condivisione nella carità – va sempre cercata, ma è urgenza propria e particolare dell'anno giubilare. Non sarà vissuto se non abbraccerà una rinnovata lettura della vita e della storia alla luce della Trinità, alla scuola della parola di Dio proclamata e accolta, se non si nutrirà dei sacramenti della vita riscoperti in tutta la loro ricchezza di luoghi di incontro con la Bellezza che salva, e se non si vivrà lo sforzo di condividere con tutti il dono di questa stessa Bellezza. Liturgia e vita spirituale, catechesi ed evangelizzazione, dialogo e servizio della carità dovranno conoscere nell'anno giubilare un nuovo slancio, motivato dal rinnovato incontro con la bellezza di Dio, sperimentato in questa sorta di Tabor del cammino del tempo che è l'anno 2000[8].

---

8) L'intero sussidio *Lavorare insieme 1999-2000* propone utili suggerimenti per fare della celebrazione del Giubileo la grande occasione di grazia offerta a tutti per incontrare e vivere il dono di Dio come dono di riconciliazione e di gioia.

CONCLUSIONE

Meditare nel cuore l'opera di Dio: l'icona dell'Annunciazione

Un'icona biblica può aiutarci a concludere questa lettura del nostro presente alla luce del mistero pasquale, rivelazione della Trinità, e a meglio superare le resistenze delle tante negazioni della bellezza: è la scena dell'Annunciazione (cf. *Lc 1,26-38*).

Maria è la figura della credente che sta in ascolto del mistero di Dio anche dinanzi all'imperscrutabilità dei Suoi disegni: "Come avverrà questo? Non conosco uomo" (v. *34*). Ella non dubita: vuole solo essere guidata dal Signore nelle Sue vie. E' già la donna del Venerdì santo, cui una spada trapasserà l'anima (cf. *Lc 2,35*) ai piedi della Croce di suo Figlio (cf. *Gv 19,25-27*). E' già Maria del Sabato santo, la sola a conservare la fede nel tempo del silenzio di Dio e della Sua apparente sconfitta nella lotta con le potenze di questo mondo. Eppure, è già la donna della riconciliazione, la Vergine coperta dall'ombra dell'Altissimo per concepire il Verbo nella carne, avvolta dalle relazioni fra Dio Padre e il Figlio che si fa presente in lei nella forza dello Spirito.

In tutto vicina a noi, nella fragilità della condizione creaturale e nell'esperienza dolorosa dell'accompagnare il cammino di suo Figlio verso la Croce, Maria è la donna che col "sì" della sua fede fa del suo oggi l'oggi di Dio. Ella "serbava tutte queste cose meditandole nel suo cuore" (*Lc 2,19*), ovvero – come meglio si potrebbe tradurre il greco – ponendole in relazione l'una con l'altra e tutte col mistero di Dio. Maria nell'Annunciazione ci insegna a leggere il nostro oggi alla luce della Trinità che l'avvolge, riconoscendo nello sviluppo del mistero pasquale la misteriosa Bellezza che illumina il nostro tempo e l'intero svolgersi dei secoli, specialmente dei 2000 anni che ci separano dalla prima venuta dell'Eterno nel tempo.

Per l'intercessione di Maria, Vergine dell'ascolto e Madre del Bell'Amore, chiediamo la capacità di riconoscere in ogni essere e in ogni situazione della vita e della storia la presenza dell'amore trinitario di Dio, custodia di tutto ciò che esiste. Si tratta di vivere una sorta di contemplazione per ottenere l'amore, analoga a quella che Ignazio di Loyola propone nei suoi *Esercizi spirituali* (nn. *230-237*), così da riconoscere e confessare presente in ogni cosa il Dio amore nell'atto di donarsi a noi e di offrirsi come riferimento ultimo di ogni valore. A questo sguardo contemplativo dell'Amore ho cercato di far tendere il mio servizio episcopale in mezzo a voi, nella convinzione che non c'è dono più grande da accogliere e trasmettere che quello della gloria di Dio e dello sguardo divenuto capace di riconoscerla e di testimoniarla in ogni tempo.

APPENDICE

Alcune domande per la revisione di vita personale e comunitaria

1. *Verifica sull' "Intermezzo metodologico"* (pp. *17-20)*

Sento il desiderio di entrare un po' più profondamente e personalmente nel mistero della Trinità? Provo qualche volta a mettermi nel cuore di Cristo per rendere grazie al Padre in Lui e con Lui e per abbandonarmi alla volontà del Padre anche in momenti difficili, confidando nella grazia dello Spirito santo?

2. *Verifica su "La salita al Tabor e le domande dei discepoli"* (pp. *21-27)*

Quali domande porto, portiamo con noi in questa fine di millennio? Quali tra le domande espresse in questo capitolo ci colpiscono di più? Vi sono altre domande di rilievo morale, sociale, civile e religioso che portiamo in cuore? Mettiamo queste domande davanti a Dio nella preghiera per ricevere luce oppure lasciamo che ci pesino dentro, senza speranza di risposta?

3. *Verifica su "La trasfigurazione, la Trinità e il mistero pasquale"* (pp. *29-38)*

Riesco a contemplare nel Crocifisso qualcosa della bellezza dell'amore che salva? Colgo nelle apparizioni del Risorto il riverbero della bellezza di Dio, che tocca anche la mia vita a partire dal battesimo? Nella Chiesa vedo solo gli aspetti umani, talora troppo umani, che mi deprimono o cerco di leggere la presenza del "Pastore bello" che guida, malgrado ogni nostra debolezza, l'umanità verso la pienezza del Regno?

4. *Verifica su "Testimoni della bellezza che salva"* (pp. *39-46)*

Sento come è bello riconciliarsi con Dio, con i fratelli e le sorelle nella fede, con la comunità? Mi lascio prendere dalla gioia dell'annuncio del vangelo? Che cosa faccio perché la liturgia a cui partecipo sia "bella" e attraente (sarebbe già molto se tutti i fedeli rispondessero insieme e cantassero tutti con una sola voce!)? Quali impegni dell'anno giubilare possiamo prenderci come singoli e come comunità?

NOTE E RIFLESSIONI PERSONALI

NOTE E RIFLESSIONI PERSONALI

NOTE E RIFLESSIONI PERSONALI

NOTE E RIFLESSIONI PERSONALI

NOTE E RIFLESSIONI PERSONALI

NOTE E RIFLESSIONI PERSONALI

NOTE E RIFLESSIONI PERSONALI

NOTE E RIFLESSIONI PERSONALI

NOTE E RIFLESSIONI PERSONALI

NOTE E RIFLESSIONI PERSONALI

Stampa: Boniardi Grafiche - Milano